# NOVENO MUTABLE

## NINTH MUTABLE

Noveno Mutable
Ninth Mutable
By Perrozompopo

Translated by Elizabeth Torres
Cover art by: Daniel Montiel

Red Press, Copenhagen, DK, 2023

ISBN: 978-87-94003-23-0

www.redpress.dk

# NOVENO MUTABLE
## NINTH MUTABLE

POEMARIO

Poetry

by Perrozompopo

# EDITORIAL

El camino infinito de la riqueza que abunda en Latinoamérica, fertilidad que emana no sólo en la naturaleza e historia, sino en nuestras letras.
El cantautor que dedica su vida a ser soñador, poeta escritor, cantor. Sin importar cómo le llamen, es un narrador de su propia historia, la narrativa de su contexto, del período que le tocó vivir. El mismo que describe al amor y sus delirios aludiendo que "el amor es una bolsa de recuerdos...el amor es mi estructura la palabra, las esquinas de tu boca la verdad".

Ramón Mejía, Perrozompopo, es un letrista y cantautor intrínseco, que no solo protesta si no incrimina lo que ocurre en Nicaragua, más bien Latinoamérica; utilizando las raíces rítmicas de sus origen. Sin pasar por alto la capacidad de describir al amor en distintos universos. Perrozompopo es el slang nicaragüense de una "lagartija urbana". Noveno Mutable, es la evolución del artista en viajes alrededor del Mundo hacia el centro de su inspiración.

Andres Pineda
Musico, poeta.

# EDITORIAL

The infinite path of the richness that abounds in Latin America, fertility that emanates not only in nature and history, but also in our lyrics.
The singer-songwriter who dedicates his life to being a dreamer, poet, writer, singer.

Regardless of what he is called, he is a narrator of his own history, the narrative of his context, of the period in which he lived.
The same one who describes love and its delusions by saying that "love is a bag of memories...love is my structure, the word, the corners of your mouth the truth".

Ramón Mejía, Perrozompopo, is an intrinsic lyricist and singer-songwriter, who not only protests but also incriminates what is happening in Nicaragua, or rather Latin America, using the rhythmic roots of his origin, without overlooking the ability to describe love in different universes. Perrozompopo is Nicaraguan slang for "urban lizard". Ninth Mutable is the evolution of the artist around the world towards the center of his inspiration.

Andres Pineda
Musician, poet.

**11**

# NOVENO MUTABLE
## NINTH MUTABLE

By Perrozompopo

Debe de ser así,
porque si no,
ofrendarse puede confundirse con miedo,
y entonces vivir,
acabará siendo una experiencia terriblemente dolorosa,
más que beatífica.

Si no me equivoco, esta idea la leí en Un curso de milagros.

También puedo estar equivocado.

It must be so,
because otherwise
offering oneself can be confused as fear,
and then living
will end up being a terribly painful experience,
rather than a beatific one.

If I am not mistaken,
I read this idea in A Course in Miracles.

Then again, I could be mistaken.

Hay que sacarse el espanto, desconfigurarse a uno mismos, salir de todos, totalmente de todos, arbitrarios, escribirse y volver a escribirse, dejarse caer como gotha de sangre sobre un papel en blanco.
Esto no es poesía, son solo textos que me definen como la ciudad que soy y todas sus infinitas posibilidades, soy nada más un hombre satisfecho, con cosas para entender, discernir, aceptar o rechazar. Y algo de ello hacerlo mío. Pero si no existe, inventarlo para mí.

It is necessary to get rid of fear, to deconfigure oneself, to get out of everyone, totally out of everyone, arbitrarily, to write and rewrite oneself, to let oneself fall like a drop of blood on a blank paper.

This is not poetry, these are only texts that define me as the city that I am and all its infinite possibilities, I am just a satisfied man, with things to understand, to discern, to accept or to reject, and to make of this something mine. But if it doesn't exist, to invent it for myself.

Yo que soy cantor desalmado porque no es que me importen poco las cosas, sino que cada vez tengo menos cosas que me importen.

Yo que soy cantor tuyo, náufrago de mí mismo, de mis propios llantos, de mi propia ricura, de mis propios encantos, esos que sos para mí.
Yo que soy cantor de plano, vengo a decirte una cosa.

Que voy a seguir cantándote, aunque mi garganta se derribe con el puño en alto, gritando tu nombre en el desierto de mis pesares. Te seguiré cantando porque eso es lo único que vine a hacer a este hijuelagranputa mundo, este mundo que es mío y de nadie más, donde puedo amarte sin ningún horizonte, me puedo sacar el corazón en carne viva, balbuceando por la congoja que le provoca separarse de mí y entregártelo chorreando ahogos por su sístole y por su diástole.

Sí, yo que soy cantor tuyo, te vuelvo a ofrendar mi deseo, mi pecho desnudo y todas las lluvias del llano, y que retoñe, y que se dé en cualquier parte de tu cuerpo, cualquier resto de amor que haya dejado en vos.

En las vueltecitas de tus dedos ojalá retoñe cada vez que te vi, ojalá que retoñen algunas cosas de las que te dije bajito, ojalá retoñés vos en vos misma y te multipliqués en todo tu cielo.

Es verdad, allá a lo lejos se ven las nubes oscuras cargadas de agua y de viejas guerras, pero aquí mismo vuelvo a ofrendarte la vida, lo tomés o lo dejés, me da exactamente igual, no me importa que se me encojan los músculos del alma por la lejanía tuya, o deje de verte el culo perfecto, con tus calzones perfectos, tu ombligo perfecto y todo lo tuyo perfecto, igual te daré hasta quien sabe cuándo siempre mi corazón en carne viva, balbuceando por la congoja que le provoca separarse de mí y te lo entregaré chorreando ahogos por su sístole y por su diástole.

03 de octubre 2016.
Lomas del valle.

I who am a soulless singer not because I care little about things, but because I care less and less about things, I who am your singer, shipwrecked of myself, of my own cries, of my own richness, of my own charms, those that you are for me. I who am a flat singer, I come to tell you one thing.

That I will continue singing to you, even if my throat falls with my fist raised, shouting your name in the desert of my sorrows. I will continue singing to you because that is the only thing I came to do in this motherfucking world, this world that is mine and no one else's, where I can love you without any horizon, I can take out my heart in the flesh, babbling because of the anguish that causes it to separate from me and give it to you dripping with choking through its systole and diastole.

Yes, I who am your singer, I offer you again my desire, my naked chest and all the rains of the plain, and let it sprout, and let it be given in any part of your body, any rest of it.

of love that I have left in you. In the little turns of your fingers I hope it sprouts every time I saw you, I hope it sprouts some of the things I said to you softly, I hope you sprout in yourself and multiply in all your sky. It's true, there in the distance you can see the dark clouds full of water and old wars, but right here I come back to offer you my life, take it or leave it, I don't care,

I don't care if the muscles of my soul shrink because of your distance, or if I stop seeing your perfect ass, with your perfect panties, your perfect navel and everything perfect about you, I'll still give you until who knows when my heart will always be raw, stammering because of the anguish that separating from me causes it, and I'll give it to you dripping from its systole and diastole.

October 03, 2016.
Lomas del valle.

Pero la puta soy yo.

Fui también puta, zorra, borracha, degenerada,
cantinera, drogadicta, loca, fiestera, fácil, llorona y sin
brújula, fui cantora y de aquellas a las que les encanta
la madrugada y las sábanas en compañía, fui también
marihuanera, y mujer de pocas palabras al momento de
decir "te quiero, vente conmigo"

Ninguna de las bocas que me amaron, pensaron
lo mismo, pues el prostíbulo de mis labios fue para
aquellas bocas el refugio de sus soledades.

Pero la puta soy yo, solo por dar mi corazón entero a
quien logré dárselo.

Pero para quien no se lo di, fui la puta, la zorra, la
borracha, la degenerada, la cantinera, la drogadicta,
la loca fiestera, fácil, llorona y sin brújula, cantora
de aquellas a las que les encanta la madrugada y
las sábanas en compañía, marihuanera y mujer de
pocas palabras al momento de decir "te quiero, vente
conmigo"

Santa Elena, Colombia 06-05-19

But it is I who is the whore.

I was also a whore, a slut, a drunkard, a degenerate, a bartender, a drug addict, crazy, a party animal, easy, whiny and without compass, I was a singer and one of those who love the early morning and the sheets in company of others, I was also a pothead, and a woman of few words when saying "I love you, come with me"

None of the mouths that loved me thought the same, because the whorehouse of my lips was for those mouths the refuge of their loneliness.

But I am the whore, just for giving my whole heart to the one I managed to give it to.

But for the one I didn't give it to, I was the whore, the slut, the drunk, the degenerate, the bartender, the drug addict, the crazy party girl, easy, whiny and without compass, the singer of those who love the early morning and the sheets in company of others, the pothead and the woman of few words when saying "I love you, come with me "

Santa Elena, Colombia 06-05-19

Tango.

Por tus maneras de tango desgarrado me bebería otra vez tus labios, te daría mis barridas y mis cabeceos, mis caricias, mis colgadas, mis cuartas, mis enganches, mi enrosque y el freno.

Ay, tanguillo de mis amores.


09 de enero 2017.
Loma del Valle, Managua.

Tango.

For your torn tango ways I would drink your lips again,
I would give you my sweeps and my nods, my caresses,
my hangs, my quarters, my attachments, my curls and
the brake.

Oh, little tango of my heart.


09 January 2017.
Loma del Valle, Managua.

La mentira.
Ese momento era tan especial, tan encabronadamente
desgarrante, que todas las fisuras de la piel partida por
la falta de amor, que no resistían alambres a pesar de
necesitar costura, con ella se cerraban.

La vi una sola vez y antes de saberla, ya me había
perforado el pecho a cuchilladas, porque como noche
dentro de la nariz, ella me despojaba de los abandonos
que me había construido.

Ese momento, era solo mío, no  importaba cuanto sin
ropas tenía todos mis huesos, acababa conmigo, con
todas mis guerras, cerraba todas mis carreteras sin
rumbo y le daba uno solo.

Su vértice.

Me dejaba cabalgar y ahogarme, arrastrarme, me
castigaba el alma, no ella, sino yo, pues lo supe desde
siempre, sabía que ese momento era tan especial, tan
encabronadamente desgarrante y delicioso, que todas
las fisuras de la piel partida por la falta de amor, que no
resistían alambres a pesar de necesitar costura, con ella
se cerraban antes de marcharse.

The lie.
That moment was so special, so fiercely tearing, that all
the fissures of the skin split by the lack of love, which did
not resist wires in spite of needing sewing, they were
closed with her.

I saw her only once and before I knew it, she had already
pierced my chest with knives, because like night inside
the nose, she stripped me of the abandonments that I
had built for myself.

That moment was mine alone, no matter how unclothed
I had my bones, she would end me, all my wars, close all
my aimless roads and give her only one.

Her apex.

She let me ride and drown, drag me, she punished my
soul, not her, but me, because I knew it all along, I knew
that that moment was so special, so fiercely tearing and
delicious, that all the fissures of the skin split by the lack
of love, that did not resist wires despite needing sewing,
with her they were closed before leaving.

Para mi ella fue como un pedacito de tierra que tenía en
su haber una callecita empedrada, hecha de todos sus
tiempos, algunos recorrí en mi bicicleta. Nos recorrimos
enteros, nos recorrimos caminos y nos recorrimos
el abandono, solidarios con el tiempo sonámbulo e
indiscutible.

Ella, también iba en bicicleta.

11-06-19
San José CR

To me she was like a little piece of land that had a small
cobblestone street, made of all her times, some of which
I rode through with my bicycle.

We rode all over each other, we rode along roads and
we rode through abandonment, in solidarity with the
sleepwalking and unquestionable time.

She, too, rode her bicycle.

11-06-19
San José CR

En vos es que habito vuelto un animal enamorado de
tu sangre, de tu vientre. Sos para mí los corredores de
mi propia casa, vos sos el músculo donde me contraigo
sin rabia ni ausencias, en vos me deslizo húmedo y
descarnado, con mis huesos al aire, despojado de la
carne que tanto me han herido y que me he cicatrizado,
lamiéndome los tajos que dejan las soledades. Es en tus
corredores donde me convierto en el talud que baja a
tus profundidades para morirme encantado en tu llanura
abisal.

11-06-19
San José CR

It is in you that I dwell, turned into an animal in love
with your blood, your belly. You are for me the corridors
of my own house, you are the muscle where I contract
without rage or absences, in you I slide wet and stark,
with my bones in the air, stripped of the flesh that has
wounded me so much and that I have scarred, licking
the cuts left by loneliness. It is in your corridors where I
become the slope that descends to your depths to die
enchanted in your abyssal plain.

11-06-19
San José CR

Cuando regrese a tu ciudad.

Cuando regrese a tu ciudad me pondré perfume, mi mejor camisa, me miraré al espejo sonriendo por las ganas de volver a verte, lustraré mis zapatos, me haré la barba, acomodaré las cosas de mi habitación y las de mi corazón, abriré las ventanas de casa, prepararé el agua para el café, o pondré a enfriar unas cervezas.
Cuando regrese a tu ciudad, estaré con la mirada limpia, el corazón menos adolorido, el bolero al fin con todas sus partes, regresaré con alguna canción nueva armada con cosas que me gustan de vos, estaré sereno y encantado, me verás ansioso y con los brazos extendidos, la casa abierta, los platos limpios, la cama hecha, la música baja, la mesa puesta, y sin candados en las puertas para que vuelvas a entrar hasta la sala del alma mía.

Cuando regrese a tu ciudad, espero verte con flores en el pelo, con tus piernas desnudas, con tus lunares al aire, con tus misterios y con tus llantos, con tus idas y venidas, con todas las soledades que cada uno lleva a cuestas, con los dolores clavados a nuestras espaldas, espero verte serena y cantando, con tu casa abierta, sin candados en las puertas para que me dejes entrar hasta la sala del alma tuya.

Cuando regrese a tu ciudad y a la blancura de tu cuerpo, te cantaré el bolero que, escrito para vos, se quedó clavado en todos los huesos de este cuerpo flaco, moreno, tatuado y cantor.

When I return to your city.

When I return to your city I will put on perfume, my best shirt, I will look at myself in the mirror smiling for the desire to see you again, I will polish my shoes, I will trim my beard, I will arrange the things in my room and in my heart, I will open the windows at home, I will prepare the water for the coffee, or I will put some beers to chill.
When I return to your city, I will arrive with clean sight, my heart less sore, the bolero at last with all its parts, I will return with some new song armed with things I like about you, I will be serene and delighted, you will see me anxious and with my arms outstretched, the house open, the dishes clean, the bed made, the music low, the table set, and without locks on the doors for you to come back into the living room of my soul.

When I return to your city, I hope to see you with flowers in your hair, with your bare legs, with your birthmarks out in the open, with your mysteries and with your cries, your comings and goings, with all the loneliness that each of us carries, with the pains nailed to our backs, I hope to see you serene and singing, with your house open, without padlocks on the doors so that you let me enter into the room of your soul.

When I return to your city and to the whiteness of your body, I will sing you the bolero that, written for you, is stuck in all the bones of this skinny, dark, tattooed and singing body.

De todos los planetas del universo, el tuyo es el que más me gusta, allí orbito como un cuerpo celeste lleno de huesos, de sangre, de carne, de miedos y de misterios, allí gravito al rededor tuyo, como una luna que mueve tus mareas, que hace crecer todos tus bosques, tus ríos, soy el viento que cruza tus altos montes, soy la nieve que se reposa en las cumbres más altas de todo tu cuerpo, sos el planeta que habito, el borde impreciso de los besos desaliñados que suceden entre vos y yo.

Vos sos el planeta que más me gusta, ese que me atrae y que me absorbe, ese que revienta como volcán todas mis ganas, ese que inunda de agua todas las aguas mías, vos sos ese planeta infinito hecho de restos de otros tiempos, sos ese planeta que me llama, que me hace tangible cuando pronuncias mi nombre, vos sos ese planeta que gira y gira, y que en una de sus tantas vueltas me atrajo hacia esa hermosura tuya a la que llamo la vía láctea de tus lunares.

De todos los planetas del universo, el tuyo es el que más me hace vibrar.

Of all the planets in the universe, yours is the one I like the most, there I orbit like a celestial body full of bones, blood, flesh, fears and mysteries, there I gravitate around you, like a moon that moves your tides, that makes all your forests and rivers grow, I am the wind that crosses your high mountains, I am the snow that rests on the highest peaks of your whole body, you are the planet I inhabit, the imprecise edge of the disheveled kisses that happen between you and me.

You are the planet that I like the most, the one that attracts me and absorbs me, the one that bursts like a volcano all my desires, the one that floods all my waters, you are that infinite planet made of the remains of other times, you are that planet that calls me, that makes me tangible when you pronounce my name, you are that planet that turns and turns, and that in one of its many turns attracted me to that beauty of yours that I call the milky way of your moles.

Of all the planets in the universe, yours is the one that makes me vibrate the most.

Quédate otra vez y dejemos las horas, dejemos los
disparos, la tiranía, el tentáculo, dejemos la puerta
cerrada a la barbaridad, que aún con lo incuestionable
de semejante evidencia, somos incapaces de lamer
tanta sangre.

Quédate otra vez, y déjame me confieso ante el deseo
tuyo, perdonémonos juntos, crucificados, lamiéndonos
los clavos, intercambiándonos coronas, gobernándonos
en paz y discutiendo desnudos el futuro de la
humanidad que nunca ha existido.

Quédate otra vez, que, aunque no sea verdad lo
que te digo, podemos cerrarle la puerta a la tiranía y
confesarnos juntos, declarando el morbo y el deseo, las
ganas y el misterio.

Stay again and let us leave the hours, let us leave the shots, the tyranny, the tentacle, let us leave the door closed to barbarity, that even with the unquestionable of such evidence, we are incapable of licking so much blood.

Stay again, and let me confess to your desire, let us forgive together, crucified, licking each other's nails, exchanging crowns, ruling each other in peace and discussing naked the future of humanity that has never existed.

Stay again, that, even if what I tell you is not true, we can close the door to tyranny and confess together, declaring the morbidity and the desire, the desire and the mystery.

Para poder escribirte,
necesito
llegar
hasta
donde suceden
los ojos tuyos.

In order to write to you,
I need
to get
to where your eyes are.

La caracterización más cercana que podemos tener de
nosotros mismos o de nosotras mismas,
se llama gobierno.
Sociedad representada.

The closest characterization
we can have of ourselves is called government.

Society, represented.

Una palabra tuya bastará para amarrarte.

One word from you will be enough to bind you.

Que descoloque era verle con su vestido celeste, a mí, me aceleraba todos los deseos y no podía hacer más que arrodillarme a sus pies. Muerto en llanto por aquella hermosura, me desnudó los labios, igual sabiendo que poco era el tiempo que teníamos para desabotonarnos las ganas, que ya con la lengua salida, deseosa, sin misterios y sin vergüenza alguna de mostrarse atrevida, endemoniados nos dejábamos ver el uno al otro.

Los ojos cerrados, los brazos abiertos, las piernas abiertas, la boca y mis dedos en sus nalgas, porque ella lluvia y yo las mieles, sus labios seda cuando me la chupaba, gemía yo y gemía ella, mírame me decía, apretando mi cintura contra su rostro. Me murmuraba al oído que la vida es un deber, con el sexo amanecido conmigo, mis manos, quererme, mirar mis ojos como lloran porque que se me arruga la mirada por tanta locura, pero militante ella que ninguna fracción de temor te dejaba cuando quería exclusivamente amarte, porque a ella no le importaba si la ternura la tenías ahogada en tus angustias, teníamos que volvernos cuanta humedad fuese posible.

What a shock it was to see her in her light blue dress, to me, it accelerated all my desires and I could do nothing but kneel at her feet. I died in tears for that beauty, she bared my lips, even knowing that we had little time to unbutton our desires, that already with our tongues out, desirous, without mysteries and without any shame to show ourselves daring, we let each other see each other possessed. Eyes closed, arms open, legs spread, my mouth and my fingers on her buttocks, because she rained and I rained, her lips silk when she sucked me, I moaned and she moaned, look at me, she told me, pressing my waist against her face.

She murmured in my ear that life is a duty, with sex dawning with me, my hands, loving me, look at my eyes as they cry because my gaze is wrinkled by so much madness, but militant she who left no fraction of fear when she exclusively wanted to love you, because she did not care if your tenderness was drowned in your anguish, we had to become as humid as possible.

El desayuno listo, el café puesto sobre la mesa, las
cortinas cerradas, su teléfono vivo, vomitando mensajes
de texto mañaneros, típicos de los asalariados.
Se vistió de obligación, pero, a pesar de toda la
barbaridad en la que estábamos, y que nos aplastaba
casi la vida, porque murieron miles en agenda y
otros miles fuera de ella, igual decidimos quedarnos
desnudos.

Breakfast ready, coffee on the table, the curtains closed,
his phone alive, spewing out morning text messages,
typical of wage earners.

Dressed for duty, but, despite all the barbarity we
were in, and which almost crushed our lives, because
thousands died on the agenda and thousands more
outside it, we still decided to stay naked.

Nos comíamos un pollo frito, con la típica ensalada de repollo con mayonesa, papas fritas y no sé qué más. Alejo García hablaba de música política mientras se lamía los dedos con sabor a frito.

Jorge Alonso Camacho, nos comentaba sobre la dificultad del oficio de la canción y del cantor.

De repente Jorge dijo:


-Estos hijos de puta son unos Neuro-Marxistas- dijo.

Y todos mis años de niño y adolescente vividos en Nicaragua, se reavivaron intensamente, hasta sacarme las lágrimas y pudrirme el corazón.

El arma de destrucción masiva más peligrosa de la humanidad, se llama conciencia colectiva.

We were eating fried chicken, with the typical cabbage salad with mayonnaise, french fries and I don't know what else. Alejo Garcia talked about political music while licking his fingers with the taste of fried food.Jorge Alonso Camacho, commented on the difficulty of the craft of the song and the singer.Suddenly Jorge said:

-These sons of bitches are Neuro-Marxists- he said.

And all my years as a child and adolescent lived in Nicaragua, were rekindled intensely, until tears came to my eyes and my heart rotted.

Humanity's most dangerous weapon of mass destruction is called collective consciousness.

La revolución es un animal herido, sola, observada por la jauría, y abrazada por buitres que esperan el momento de su muerte para comerse los ojos de todos los que logró ejecutar.

The revolution is a wounded animal, alone, watched
by the pack, and embraced by vultures waiting for
the moment of its death to eat the eyes of all those it
managed to execute.

Cayeron su ropa y la mía, lamí lo más que pude, sus
pezones y su lengua, los poros asomándose desde
debajo de la carne por lo implacable que es el deseo
cuando adormece a la razón, y entonces se escupe
a la moral para humedecer los labios y poder entrar
detonando los quejidos, las tensiones, los calambres y
otra vez morir y morir, y morir y morir.

Después de aquella noche, todo se volvió anhelo y
antojo, la avidez era la bandera para desabotonarnos
todas las miserias que estaban costuradas en los
párpados de ella y en los míos.

Her clothes and mine fell, I licked as much as I could,
her nipples and her tongue, the pores peeking out
from under the flesh because of how relentless desire
is when it numbs reason, and then it spits into morality
to moisten the lips and be able to enter detonating the
moans, the tensions, the cramps and again to die and
die, and die and die and die.

After that night, everything became longing and craving,
greed was the flag to unbutton all the miseries that were
sewn in her eyelids and mine.

La habitación era un campo de batalla, estaban las horas ensangrentadas, el tiempo asesinado a mordiscos y la noche amenazaba con el deseo de derrotar a la madrugada para encontrarse desnuda al amanecer. Los cuerpos de los dos, las piernas de los dos, los labios de los dos, los brazos de los dos, rendidos de desenfreno, aún convulsionaban de ricura y tempestades.

The room was a battlefield, the hours were bloodied, the time killed with bites and the night threatened with the desire to defeat the dawn to meet naked at dawn. The bodies of the two, the legs of the two, the lips of the two, the arms of the two, surrendered with debauchery, still convulsed with richness and tempests.

Déjame ofrendarme las veces que quiera ante el perverso deseo de tu boca, y lámeme irresistible, y bébete de mí las tempestades, la ternura, que quiero ser digno, sucio e irresistible ante tus imprudentes maneras de amarme cuando estoy desnudo, guardián y coherente.

Let me offer myself as many times as I want before the
perverse desire of your mouth, and lick me irresistible,
and drink from me the tempests, the tenderness, that
I want to be worthy, dirty and irresistible before your
reckless ways of loving me when I am naked, guardian
and coherent.

Allí en su boca, acariciaba amorosa mi falo. Miraba mi muerte, que desventura no acurrucaba en mi lamento, ni terquedad, como tampoco inocencia. Ella y yo libamos de nosotros mismos los cielos y los infiernos, desenfrenados como demonios, mitológicos los gemelos de una sola boca que montaban a la bestia balcánica sin arco ni flecha. Metí mis dedos y mi lengua hasta socavar su primer nombre, todo su pasado y la mayor desventura. Nos revolcamos como cerdos, nos lamimos los codos y la garganta, detrás de las orejas y todos los puntos cardinales hueso por hueso hasta borrar cada herida.

Así, nos negamos a vivir ordinarios como ordinario el mundo, porque perplejo se queda ante un beso, ante un disparo, ante la hambruna y ante la soledad.

Se nos retorcía la cintura, se nos blanqueaban los ojos, nos sudaba la piel, babeábamos y nos afirmábamos definitivos en los te amo, mientras la convulsión que habían provocado los orgasmos nos dejaba tiernos, sin palabras y sin aliento ante este mundo habitual, corriente, patán y soez, manoseado colectivamente.

A pesar de toda la barbaridad en la que estábamos, y que nos aplastaba casi la vida, porque murieron miles en agenda y otros miles fuera de ella, igual decidí amarla.

There in her mouth, she lovingly caressed my phallus. She watched my death, which misfortune did not cradle in my lament, nor stubbornness, nor innocence. She and I liberated from ourselves the heavens and the hells, unbridled as demons, mythological one-mouthed twins riding the Balkan beast without bow or arrow. I stuck my fingers and tongue in until I undermined her first name, all her past and greatest misadventure. We rolled around like pigs, we licked each other's elbows and throats, behind the ears and all the cardinal points bone by bone until every wound was erased, refusing to live as ordinary as the world is ordinary, because it is perplexed by a kiss, by a shot, by starvation and by loneliness. Our waists twisted, our eyes whitened, our skin sweated, we drooled and we affirmed ourselves definitively in the I love yous, while the convulsion that the orgasms had provoked left us tender, speechless and breathless before this usual, ordinary, lout and coarse world, collectively manipulated. Despite all the barbarity in which we were, and that almost crushed our lives, because thousands died in agenda and other thousands outside of it, I still decided to love her.

En el jardín de las flores:

En el jardín de las flores al silencio se le llama viento. A
veces con brisa y otras veces seco. En el jardín de las
flores siempre retoñan las cosas, las puertas de viaje
abiertas y con la duda presente, las manos a veces solas
y otras en compañía.
En el jardín de las flores, la algarabía, la birra, y unos
papeles con monte, es suficiente para alegrarnos `por
cómo toca vivirnos, son inmensas las soledades que
desconoce la gente, y también inmensas las varas con
las que miden espejos.
En el jardín de las flores no todos logran quedarse, a
algunos les da vergüenza que su cantata no gima, no
mueva nada aquí adentro, ni te regrese al pasado, a
otros les da la rabia, y muchos jamás se atreven a dar un
paso hacia adentro.
En el jardín de las flores al silencio se le llama viento. A
veces con brisa y otras veces seco. En el jardín de las
flores siempre retoñan las cosas, las puertas de viaje
abiertas y con la duda presente, las manos a veces solas
y otras en compañía.

In the flower garden:

in the flower garden, silence is called wind. Sometimes
breezy and sometimes dry. In the garden of flowers,
things always sprout, the doors of travel open and
with the present doubt, the hands sometimes alone
and sometimes in company, in the garden of flowers,
the bustle, the beer, and some papers with mount, is
enough to make us happy for how we live, the solitudes
that people do not know are immense, and also
immense are the sticks with which they measure mirrors.
In the garden of flowers not everyone manages to stay,
some are ashamed that their cantata does not groan,
does not move anything in here, or return you to the
past, others are angry, and many never dare to take a
step inward, in the garden of flowers silence is called
wind. Sometimes breezy, sometimes dry. In the flower
garden things always sprout, the doors of travel open
and with doubt present, the hands sometimes alone and
sometimes in company.

La carta del corazón.

El terror es la fuga, el trapecista sin codos y el alma, el agua que de sed no tiene nada, el terror es la fuerza que moviliza toda vida que llevamos en el cuerpo, él te transforma en abismo estéril y revolucionario, el terror es la válvula que mide la desgana y el grito casi ya sin aliento. Pero aquí estoy, yo que me transformo a cada segundo, para verle a los ojos y con la profundidad que tiene mi mirada, volverlo parte mía y hacerlo amor, el agua que de sed no tiene nada y todo por andar.

Agua, esa otra alma mía.

The letter of the heart.

Terror is the escape, the trapeze artist without elbows
and the soul, the water that thirsts for nothing, terror
is the force that mobilizes all the life we carry in our
bodies, it transforms you into a sterile and revolutionary
abyss, terror is the valve that measures the reluctance
and the almost breathless scream. But here I am, I who
transform myself every second, to look into his eyes and
with the depth of my gaze, to make him part of me and
make him love, the water that thirsts for nothing and
everything to walk.

Water, that other soul of mine.

Debe de ser inquebrantable el deseo, amarrarse las manos, y en el ojal de los labios, traspasar el botón del silencio. Debe de ser inquebrantable el deseo, y que la sangre no corra, porque la estupidez es pasajera y la verdad asesina.

A veces me pregunto si es necesaria la víctima, o es mejor olvidar la desdicha, adelantar el gatillo y que la palabra no duela, porque la vida, sola se encarga de atravesar la garganta y de dejarte en silencio. Hay que acurrucarse ciertamente el odio, porque por más pasajero que parezca, en un momento de huida, como garra de felino, la defensa podría ser certera, y capaz de cortar el aire y una arteria. ¿Habré de dejar que me arrebaten lo poco que tengo de mí? ¿Cuál es realmente el nombre que llevo por vida?

A veces creo que, por más espejo que sea el reflejo, me gobierna la posibilidad de romperle, y llevar a cabo la jugada perfecta, y que sobre el suelo quede, extendido como el universo, un cuerpo caleidoscópico hecho pedazos, sin observador, porque soy, yo, el mismo que le mira, el mismo que desata la furia, soy la Katana y quien la desenfunda, soy la sangre y quien perdona. Espero que me recuerdes siempre, que, como el doble de Garnier, solo te miró de lejos amarrándose los deseos a los dientes, porque la estupidez es pasajera y la verdad asesina.

Esto es solo otra posibilidad.

The desire must be unbreakable, to tie the hands, and in the buttonhole of the lips, to pierce the button of silence. The desire must be unbreakable, and the blood must not flow, because stupidity is fleeting and the truth is murderous. Sometimes I wonder if the victim is necessary, or is it better to forget the misfortune, to advance the trigger and that the word does not hurt, because life alone is responsible for piercing the throat and leave you in silence. One must certainly curl up in hate, because no matter how fleeting it may seem, in a moment of flight, like a feline's claw, the defense could be certain, and capable of cutting the air and an artery. Shall I let them snatch from me what little I have of myself? What is really the name I carry for life? Sometimes I think that, no matter how much of a mirror the reflection is, I am governed by the possibility of breaking it, and carrying out the perfect move, and that on the ground there remains, spread out like the universe, a kaleidoscopic body in pieces, without an observer, because I am the one who looks at him, the one who unleashes the fury, I am the Katana and the one who unsheathes it, I am the blood and the one who forgives. I hope you will always remember me, who, like Garnier's double, only looked at you from afar by tying desires to his teeth, because stupidity is fleeting and truth is murderous.
This is just another possibility.

No son tus etiquetas identitarias las que le dan valor a tu ser, sino, tu capacidad de observar la sociedad en la que vivimos... y que esto, te permita una mirada más justa, más crítica y constructiva.

It is not your identity labels that give value to your being, but your ability to observe the society in which we live... and that this allows you to have a fairer, more critical and constructive look.

El naufragio de cada minuto es la llamarada que
enciende los caminos. Regresaré alma mía, a los sueños,
a los andares, a caminar la vereda, sin sospechar el
destino, te cantaré más sereno lo que me duele del
mundo, y beberé de mis manos para saber mi futuro.
Me leeré las estrellas con el deseo de siempre, que
todo viva, que todo muera, y que la copa de vino, la
mantengamos al aire, como te digo los besos, cuando
te beso los labios.

The shipwreck of every minute is the flame that lights
the roads. I will return, my soul, to the dreams, to the
walks, to walk the path, without suspecting the destiny, I
will sing to you more serene what hurts me in the world,
and I will drink from my hands to know my future. I will
read the stars with the desire of always, that everything
lives, that everything dies, and that the glass of wine, we
keep it in the air, as I tell you the kisses, when I kiss your
lips.

Tengo a veces el alma inquieta y el corazón arrugado,
las manos en espera, la canción justa, la caligrafía
borrosa, las lágrimas al borde de un papel en blanco
y los atardeceres dispuestos al suicidio que implicaría
anochecerte la carne y los labios.

Sometimes my soul is restless and my heart is wrinkled, my hands are waiting, my song is just right, my handwriting is blurred, my tears are on the edge of a blank piece of paper and my sunsets are ready for the suicide that would involve darkening your flesh and your lips

La paz, nunca procederá de la ilusión de amor, sino sólo
de la realidad de este.
En algún lugar lo leí.

Peace will never proceed from the illusion of love,
only from its reality.
I read it in some place.

El suceso tiene múltiples e infinitas posibilidades.
Por eso te odio.
Esa es solo una de ellas.

The event has multiple and infinite possibilities. That's
why I hate you.
That's just one of them.

Tengo ganas de volver a casa, regresar al tiempo de otros días, aunque sea una estupidez, porque no hay nada más terrible que vivir en el pasado. Pero igual, tengo ganas de volver a casa. Regresar a los olores del barrio, recordar los amores de niño, ver la cancha vacía en soledad, a mis amigos ya mayores, unos sonriendo, y otros que ya no están.

Tengo ganas de volver a estar bajo la lluvia, ver los autobuses repletos de gente, las calles abandonadas de toda lógica, enojarme por el absurdo de la mayoría, saber una vez más que tendré que irme, pero sin la posibilidad que otros extraigan de mí y a la fuerza, el deseo de marcharme y se lo cuelguen ellos como milagro, para después empujarme al destierro, donde las palabras, las ideas, la mecánica perfecta del ser, de ser, es abrumada por la muerte de todo lo que nos pertenece.

La naturaleza exclusiva de todo lo que vive es permanecer en constante movimiento, creativo, soluble, pero al mismo tiempo encarcelado en su causa, obligado a entender su propia existencia, paso a paso, paso a paso, paso a paso.

A veces tengo ganas de regresar, aún, sabiendo que aquel lugar le pertenece al dolor, y, a decir verdad, no quiero estar allí.

Tengo ganas de volver a casa, regresar al tiempo de otros días, aunque sea una estupidez, porque no hay nada más terrible que vivir en el pasado. Pero igual, tengo ganas de volver a casa y sonreírte, aunque solo un país.

I feel like going back home, back to the time of other days, even if it's stupid, because there's nothing more terrible than living in the past. But still, I feel like going back home. To go back to the smells of the neighborhood, to remember my childhood loves, to see the empty field in solitude, to see my friends, some of them smiling, and others who are no longer here.

I feel like being in the rain again, seeing the buses full of people, the streets abandoned of all logic, getting angry at the absurdity of the majority, knowing once again that I will have to leave, but without the possibility that others will forcefully extract from me the desire to leave and hang it on them as a miracle, and then push me into exile, where words, ideas, the perfect mechanics of being, of being, is overwhelmed by the death of everything that belongs to us.

The exclusive nature of everything that lives is to remain in constant movement, creative, soluble, but at the same time imprisoned in its cause, forced to understand its own existence, step by step, step by step, step by step.

Sometimes I feel like going back, still, knowing that that place belongs to pain, and, to tell the truth, I don't want to be there.I feel like going back home, back to the time of other days, even if it is stupid, because there is nothing more terrible than living in the past. But still, I feel like coming home and smiling at you, even if it's just a country.

En el leguaje del bosque
la muerte no existe como la conocemos.

In the language of the forest
death does not exist as we know it.

Me gusta cada parte del bosque tuyo, todos los serpenteantes caudales de invierno y el remanso, y tu lago, y hecho laberinto, yo, enmarañado en la ingeniería de la estupidez, sin duda recorro también tus labios, en busca de alguna salida. Me gusta cada parte del bosque tuyo, y vivirlo ha sido fabuloso. Invadime, bosque y desnuda.

I like every part of your forest, all the meandering winter streams and the backwater, and your lake made labyrinth, I, entangled in the engineering of stupidity, no doubt run along your lips too, in search of some way out. I love every part of your forest, and living it has been fabulous. Invade me, forest and naked.

El poder, ya se había comido a la revolución
antes de haber nacido
y después de todos sus muertos.

Power
had already eaten the revolution
before it was born
and after all its dead.

Hasta aquí he logrado llegar. No sé qué pueda suceder en estos próximos días, tal vez volvamos a vernos, tal vez nos encontraremos y podremos beber una cerveza juntos, tal vez te vea de lejos, y yo ausente.
Hermoso que nos encontremos por aquí, vos y yo, leyéndonos frente a frente.
Los siguientes cuatro textos, ya habían sido publicados, pero me han gustado tanto para leerles, que los he colado por aquí descaradamente.

This is as far as I have managed to get. I don't know what will happen in the next few days, maybe we will see each other again, maybe we will meet and drink a beer together, maybe I will see you from far away, and I will be absent. Beautiful that we meet here, you and I, reading each other face to face.
The following four texts, had already been published, but I enjoy reading them so much, that I've slipped them in here shamelessly.

Me gustan las páginas en blanco, me gusta cuando me ladran cerca del oído, me gusta la orilla de la ventana donde descubro que el suicidio no es más que otra de las salidas para pasar por la alfombra roja, me gustan las pastillas para el dolor ajeno y las tortugas en la fuente del jardín que no es mío, me gustan las charlas donde uno se desnuda, me gusta llorar por las calles para mostrarte esos caminos míos, me gustan las tetas, las grandes, las pequeñas, las medianas, me gustan los hombres bien vestidos, los guapos, los que no dicen nada, los que se ahogan en su propio perfume, me gusta que me lleven en moto, que me digan lo que es bueno, me gusta la playa con todos sus muertos y la música que aún no escuchaba, me gusta que todo suene a lo que todo el fokin mundo quiere que suene, me gusta la montaña rusa y la madrileña, me gusta Barcelona y la abuela que he conocido, me gusta el vestido a rayas rojo, los anteojos rojos, los zapatos rojos, el sombrero rojo. Me gustan todos los caminos y los grandes desencuentros, me gusto yo por supuesto y me gusta que me lean. En fin, me gustan muchas cosas, pero lo que más me gusta, son aquellos momentos en que la vida es agua que acaricia al corazón y allí comprendo que solo hay una fiesta, aquella que uno se arma.

Madrid.

I like blank pages, I like when they bark near my ear, I like the edge of the window where I discover that suicide is nothing more than another of the exits to go through the red carpet, I like pills for other people's pain and turtles in the fountain of the garden that is not mine, I like talks where one gets naked, I like crying in the streets to show you those roads of mine, I like tits, the big ones, the small ones, the medium ones, I like well-dressed men, the handsome ones, the ones who say nothing, the ones who drown in their own perfume, I like to be taken by motorcycle, to be told what's good, I like the beach with all its dead people and the music I haven't heard yet, I like everything to sound like what all the fokin world wants it to sound like, I like the roller coaster and the madrileña, I like Barcelona and the grandmother I've met, I like the red striped dress, the red glasses, the red shoes, the red hat. I like all the roads and the great misunderstandings, I like myself of course and I like to be read. In short, I like many things, but what I like the most are those moments when life is water that caresses the heart and there I understand that there is only one party, the one that one puts together.

Madrid.

Muchacha bailá conmigo, besáme, dame vueltas por el salón con tu vestido rojo, esperáme en el parque donde yo también te espero, cerrá las cortinas, apagá algunas luces, no te despidás de mí, no regresés, no te vayás nunca, mirame los ojos cargados de diluvio, y sentí que espero por ti sin que vos me mirés.

Que suene la canción que tanto nos gusta mientras nos quitamos todo lo que nos detiene, dame un trago de toda la sencillez tuya, abrí mis cartas en blanco, sintonizáme los pulmones y que te respire profundo.

Dejáme que te lea, dejáme apartarte el pelo de la cara y sonreírte, dejáme todo lo que querrás, no importa si son solo tus codos o tus talones resecos por descalza que sos, no importa que sean tus manos sudorosas, tus dientes raros, tus orejas grandes, tu espalda ancha y curva, o los triángulos de todas tus vértebras.

Muchacha bailá conmigo, besáme y dame vueltas por el salón con tu vestido rojo, que suene la canción que nos gusta mientras nos quitamos todo lo que nos detiene. Descárname, intravenosa métete en mí, espúmame la boca con la gaseosa malvasía que te moja entre tus piernas, acompáñame por las avenidas del placer y del morbo que aún desconocemos, arriésgate, apoya tu cuerpo en la orilla de la mesa y abrí las piernas, invítame, tómame de la cabeza y dejá que me asfixie lentamente mientras te lamo, arráncame de vos y lleva mi rostro frente al tuyo y miráme y con tu lengua, probá de vos misma lo que ha quedado en mis labios y en mi rala barba.

Muchacha, bailá conmigo, bésame, dame vueltas por el salón con tu vestido rojo, espérame en el parque donde yo también te espero, y como dice El Kanka, no te disfraces para la ocasión.

Girl dance with me, kiss me, walk around the room with your red dress, wait for me in the park where I also wait for you, close the curtains, turn off some lights, don't say goodbye to me, don't come back, never leave, look at my eyes full of rain, and I felt that I wait for you without you looking at me. Let the song that we like so much play while we take off everything that stops us, give me a drink of all your simplicity, open my blank letters, tune my lungs and let me breathe deeply. Let me read to you, let me pull your hair away from your face and smile at you, let me have everything you'll want, no matter if it's just your elbows or your heels dried out because you're barefoot, no matter if it's your sweaty hands, your funny teeth, your big ears, your wide and curved back, or the triangles of all your vertebrae. Girl dance with me, kiss me and twirl me around the room in your red dress, let the song we like play while we take off everything that holds us back.

Unload me, intravenously get inside me, foam my mouth with the gaseous mauve that wets you between your legs, accompany me through the avenues of pleasure and morbidity that we still don't know, take the risk, lean your body on the edge of the table and open your legs, invite me, take me by the head and let me slowly suffocate while I lick you, tear me away from you and bring my face in front of yours and look at me and with your tongue, taste of yourself what is left on my lips and in my sparse beard. Girl, dance with me, kiss me, twirl me around the room in your red dress, wait for me in the park where I'm waiting for you too, and as El Kanka says, don't dress up for the occasion.

Si pudiese me quedaba con vos, revuelto entre todas tus hojas, colgado de los bejucos de tus brazos, viendo tus ojos como me llaman sin ningún acento, si pudiese me quedaba con vos, perdido y sudoroso, con ansias de beberte todos los encantos, repartiría cada pedazo de mi cuerpo en toda la galaxia de tus lunares, en cada rincón estelar tuyo donde toda mi existencia es posible. Si pudiese regresaría a vos todos los días, diría tu nombre, volvería a recorrerte entera y sin ningún temor te daría la carne de mi corazón vivo.

If I could, I would stay with you, tangled among all your leaves, hanging from the vines of your arms, watching your eyes as they call me without any accent, if I could, I would stay with you, lost and sweaty, eager to drink all your charms, I would distribute every piece of my body in the whole galaxy of your moles, in every stellar corner of yours where all my existence is possible. If I could I would come back to you every day, I would say your name, I would go all over you again and without any fear I would give you the flesh of my living heart.

Ven a este callejón mío donde la lluvia se queda estancada en charquitos sobre mi asfalto, ven a este callejón mío donde la luna me alumbra, donde los basureros están callados como está callado el resto del mundo, ven a este callejón mío donde podemos abrazarnos mientras la ciudad acelerada nos cruza de lejos, donde los taxis no se detienen, donde la gente temerosa solo mira de reojo, ven a este callejón mío donde la economía no existe, donde nos arborizamos las costillas para volver un bosque vivo al corazón. Ven aquí donde nada se lee, donde todo se multiplica, donde nada se resta, donde la división no es más que la suma de los dos. Ven a este callejón mío donde no hay papeles ni permisos, ni sellos, ni monedas, ni mitades que nos hagan sentirnos completos, aquí solo enteros y enteros los dos porque no hay otra forma. Ven a este callejón mío, arrástrame con todas tus lenguas, embebidos y ahogados, fumados y desnudos, locos y en secreto.

Bésame en la oscuridad de estas paredes, y dejemos que la noche caigasobre nosotros porque si no es así, entonces no podremos amanecernos. Invítame a dar un paseo y cuando ya estemos dentro del automóvil mírame, abre otra vez la puerta, yo la mía, vos la tuya y no digas nada, que de nada valen las palabras cuando tocarnos la cintura significa tantas cosas. Ven a este callejón mío, donde entrarás con las heridas abiertas para después salir sin sombras y con una sonrisa en la comisura de todos tus labios.

Come to this alley of mine where the rain stays stagnant in puddles on my asphalt, come to this alley of mine where the moon shines on me, where the garbage cans are silent as the rest of the world is silent, come to this alley of mine where we can embrace while the accelerated city crosses us from afar, where the cabs do not stop, where the fearful people only look sideways, come to this alley of mine where the economy does not exist, where we arborize our ribs to turn the heart into a living forest. Come here where nothing is read, where everything is multiplied, where nothing is subtracted, where division is nothing more than the sum of the two. Come to this alley of mine where there are no papers nor permits, no stamps, no coins, no halves to make us feel complete, here we are only whole and whole together, because there is no other way. Come to this alley of mine, drag me in with all your tongues, soaked and stifled, smoked and naked, mad and in secret.

Kiss me in the darkness of these walls, and let the night fall upon us because if it doesn't, then we won't be able to dawn. Invite me for a ride and when we're already inside the car look at me, open the door again, I open mine, you open yours and don't say anything, words are worthless when touching each other's waist means so many things. Come to this alley of mine, where you will enter with open wounds and then come out without shadows and with a smile on the corners of all your lips.

Perrozompopo,
Managua, Nicaragua 21 de diciembre de 1971.

Perrozompopo Cantautor nicaragüense, de una generación de cambios sociales e ideológicos que marcaron profundamente la brújula de su trabajo. Todo gira alrededor de la canción social y de canciones cargadas de historias personales. Amores, desencuentros, viajes, poesía, revoluciones, la ciudad, el barrio, Managua y la compleja realidad de un país como Nicaragua, es lo que define la canción de este perro cantor. Perrozompopo, viene de una de las familias más importantes de la canción popular nicaragüense.

Ha recibido una nominación a los premios Grammys Latinos, 7 discos publicados, en diciembre del 2016 publicó su primer libro de poesía y su más reciente disco llamado Árbol se publicó en febrero del 2020.

Ha realizado distintos conciertos en los siguientes países: Estados Unidos de Norte América, México, Guatemala, El Salvador, Honduras, Nicaragua, Costa Rica, Panamá, Uruguay, Argentina, Kenia, España, Italia, Dinamarca, Austria, Finlandia, Bélgica.

Perrozompopo,
Managua, Nicaragua December 21, 1971.


Perrozompopo is a Nicaraguan singer-songwriter, from a generation of social and ideological changes that deeply marked the compass of his work. Everything revolves around the social song and storytelling from a personal perspective. Loves, misunderstandings, travels, poetry, revolutions, the city, the neighborhood, Managua and the complex reality of a country like Nicaragua, is what defines the songs of this singing dog. Perrozompopo, comes from one of the most important families of Nicaraguan popular song.

He has received a nomination for the Latin Grammy Awards, 7 published albums, in December 2016 he published his first book of poetry and his most recent album called Árbol was published in February 2020.

He has performed different concerts in the following countries: United States of America, Mexico, Guatemala, El Salvador, Honduras, Nicaragua, Costa Rica, Panama, Uruguay, Argentina, Kenya, Spain, Italy, Denmark, Austria, Finland, Belgium.

www.redpress.dk